So wird es gemacht:

Öffne das LÜK®-Lösungsgerät und lege die Plättchen in den unbedruckten Deckel! Jetzt kannst du auf den Plättchen und im Geräteboden die Zahlen ⟨1⟩ bis ⟨12⟩ sehen.

Beispiel: Seite 2: Ameisen
Nimm das Plättchen ⟨1⟩ und suche die Aufgabe ⟨1⟩ im Bild. Welcher Teil des Ameisenbaus ist das? Suche nun die Lösung **Eingang** in der Lösungsspalte. Daneben steht die Zahl 11. Das ist auch die Feldzahl im Lösungsgerät, auf die du das Plättchen legst, also Plättchen ⟨1⟩ auf das Feld 11 im Geräteboden! Die Zahl 1 muss nach oben zeigen.

So arbeitest du weiter, bis alle Plättchen im Geräteboden liegen. Schließe dann das Gerät und drehe es um! Öffne es von der Rückseite!

Wenn du das bei der Übungsreihe abgebildete Lösungsmuster siehst, hast du alle Aufgaben richtig gelöst.

Passen einige Plättchen nicht in das Muster, dann hast du dort Fehler gemacht. Drehe diese Plättchen da, wo sie liegen, um, schließe das Gerät, drehe es um und öffne es wieder! Jetzt kannst du sehen, welche Aufgaben du falsch gelöst hast. Nimm diese Plättchen heraus und suche die richtigen Ergebnisse!
Kontrolliere dann noch einmal! Stimmt jetzt das Muster? Das System ist für alle Übungen gleich: Die roten Aufgabennummern im Heft entsprechen immer den LÜK-Plättchen aus dem Lösungsgerät. Die Feldzahlen bei den Lösungen sagen dir, auf welche Felder im Lösungsgerät die Plättchen gelegt werden.
Bei den einigen Übungen ist die Kontrolle nach Lösung der Aufgaben ⟨1⟩ bis ⟨12⟩ möglich. Das erkennst du an den geteilten oder halben Mustern.

Und nun viel Spaß!

1

Ameisen – Schützer des Waldes

Ameisen leben im Ameisenbau. So sieht er im Inneren aus! Ordne richtig zu!

Lösung	Feld
Vorratskammer	9
Eierlegende Königin	12
Eingang	11
Kammer mit Larven	2
Deckschicht aus Tannennadeln	8
Kammer mit Eiern	4
Kammer mit Kokons	10

Aha!

So kannst du Ameisensäure nachweisen: Bewege eine blaue Blume (Glockenblume) über der Kuppe eines Ameisenhaufens. Die Ameisen halten die Blume für einen Feind und verspritzen Ameisensäure. Dadurch verfärbt sich die Blume rot.

Hier siehst du eine Arbeiterin!

5 | Vorderleib

6 | Mit ihren starken Kiefern schneiden sie Blätter ab und transportieren Nahrung in den Bau.

1 | Hier sitzt eine Drüse, aus der die Ameise eine Säure (Ameisensäure) bis zu einem Meter weit spritzen kann.

7 | Hier befinden sich über 2000 Sinneszellen, mit denen die Ameisen Duftstoffe wahrnehmen, ihre Nestgenossinnen durch Tasten erkennen und die Temperatur messen können.

In jedem Ameisenvolk leben unterschiedliche Ameisen. Jede hat eine ganz bestimmte Aufgabe.

3 Wächterin
24 Arbeiterin
22 Königin

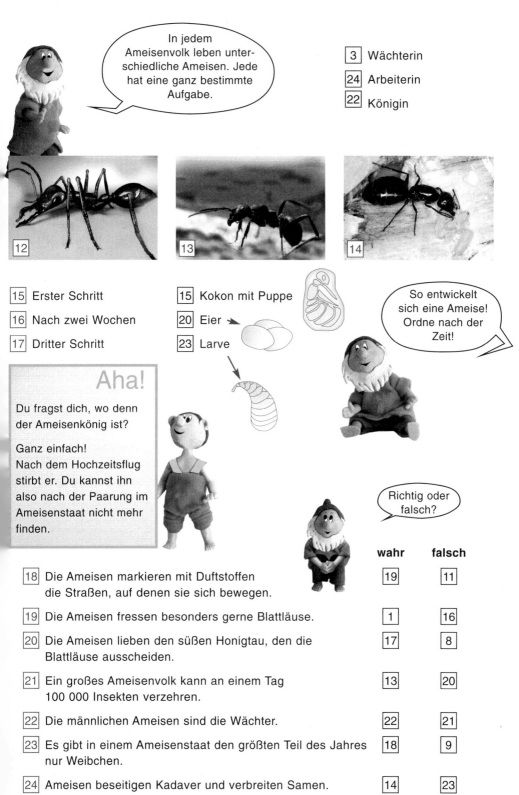

12

13

14

15 Erster Schritt
16 Nach zwei Wochen
17 Dritter Schritt

15 Kokon mit Puppe
20 Eier
23 Larve

So entwickelt sich eine Ameise! Ordne nach der Zeit!

Aha!

Du fragst dich, wo denn der Ameisenkönig ist?

Ganz einfach!
Nach dem Hochzeitsflug stirbt er. Du kannst ihn also nach der Paarung im Ameisenstaat nicht mehr finden.

Richtig oder falsch?

	wahr	falsch
18 Die Ameisen markieren mit Duftstoffen die Straßen, auf denen sie sich bewegen.	19	11
19 Die Ameisen fressen besonders gerne Blattläuse.	1	16
20 Die Ameisen lieben den süßen Honigtau, den die Blattläuse ausscheiden.	17	8
21 Ein großes Ameisenvolk kann an einem Tag 100 000 Insekten verzehren.	13	20
22 Die männlichen Ameisen sind die Wächter.	22	21
23 Es gibt in einem Ameisenstaat den größten Teil des Jahres nur Weibchen.	18	9
24 Ameisen beseitigen Kadaver und verbreiten Samen.	14	23

3

Die Fledermaus – Säugetier oder Vogel?

Beantworte die Fragen! Zum Teil helfen dir die Bilder.

		ja	nein
1	Hat sie ein Fell aus Haaren?	7	3
2	Sind ihre Ohrenmuscheln am Schädel angesetzt?	10	13
3	Besitzt sie einen Mund mit Zähnen?	12	7
4	Bringt sie ihre Jungen lebend zur Welt?	8	2
5	Werden die Jungen mit Muttermilch gesäugt?	5	9
6	Ist sie warmblutig?	9	10
7	Hat sie ein Rückgrat?	4	18

Wenn du alle Fragen mit JA beantworten konntest, dann kannst du sicher sein, dass die Fledermaus ein Säugetier ist.

Die Fledermaus ist das einzige Säugetier, das fliegen kann. Dazu benutzt sie ihre speziell umgewandelten Arme und Hände. Trotzdem findest du sämtliche Knochen der menschlichen Hand und des menschlichen Armes auch bei der Fledermaus. Vergleiche!

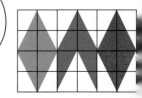

3 Mittelfinger 2 Zeigefinger

19 Ringfinger 6 Daumen

23 Flughaut

21 kleiner Finger

11 Unterarm 1 Oberarm

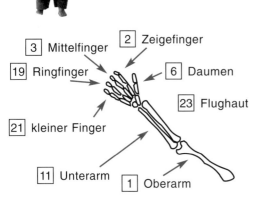

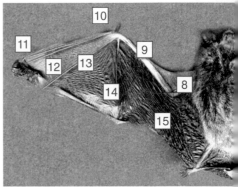

4

Blind wie eine Fledermaus?
Tz! Ich kann mit meinen Augen sehen, aber nicht so gut wie die Menschen. Das brauch' ich auch nicht. Ich jage in der Nacht. Da nützen meine Augen wenig. Dafür kann ich mir mit Hilfe meiner Echoortung ein präzises Bild von meiner Umgebung machen.

Falten

Die Ohren der Fledermaus sind sehr 16.

Das Tier stößt laute, aber für den

Menschen unhörbare Töne aus. Treffen

diese auf einen Baum oder ein Insekt,

dann wird davon ein 17 zurückgeschickt.

Mit Hilfe der 18 in der Ohrmuschel wird

dessen Oberfläche vergrößert und

dadurch das Gehör noch empfindlicher.

So sind die Fledermäuse in der Lage,

noch auf große 19 genau zu erkennen,

was vor ihnen ist.

Aha!

Wir Menschen haben uns dieses System abgeschaut. Es wird in der Seefahrt als Echolot und in der Medizin beim Ultraschall eingesetzt. Dieser Schall ist für uns Menschen nicht mehr hörbar, weil seine Töne zu hoch sind.

24 Falten   16 Entfernung   20 groß   15 Echo

20

13 Insekten
23 Nüsse

Mjam!!

21

18 Bananen
17 Nachtfalter

Happs!!

22

19 Mäuse
22 Spinnen

Hmmm!!

Welches Bild passt zu welchem Text?

23

24

18 Fledermäuse werden nackt und blind geboren. Meist ist es nur ein Junges. Es dauert sechs Wochen, bis die junge Fledermaus selber fliegen und jagen kann. Vorher ist sie ganz von der Muttermilch abhängig.

14 Fledermäuse halten einen Winterschlaf. Dazu begeben sie sich an geschützte Plätze wie Mauernischen, Dachböden und Höhlen. In großen Gruppen hängen sie dann kopfüber an den Decken.

Die Forelle
In einem Bächlein helle...

Anglerlatein bedeutet: Übertreibung und Schwindelei. Welcher Angler sagt die Wahrheit?

11 Ich habe gestern eine Bachforelle gefangen, die war 60 cm lang und wog fast 2 kg.

9 Wie jeder Fisch kann die Forelle über die Kiemen den Sauerstoff aus dem Wasser herausfiltern.

5 Die Forellen haben eine Lunge wie wir Menschen.

16 Ich habe eine gefangen, die wog 20 kg.

1

2

8 Was du immer daherredest. 25 cm sind sie erst nach drei Jahren. Nach einem Jahr sind sie nicht länger als dein Zeigefinger.

Gestern habe ich frisch geschlüpfte Larven entdeckt. **3** Warte noch ein Jahr, dann sind die jungen Forellen 25 cm groß und du kannst sie fangen.

20 Fische schwimmen, weil sie leichter als Wasser sind.

12 Schade, dass ich keine Schwimmblase habe. Dann könnte ich auch problemlos im Wasser schweben.

3

3

4

1 Die Forellen sind Raubfische und fressen Wasserinsekten, Fliegen und Kleinkrebse.

16 Forellen fressen Plankton.

10 Das Weibchen legt bis zu 3 000 Eier, den Laich, ab.

5 Bachforellen werden lebend geboren. Das sind diese ganz kleinen Fische, die wir immer als Köder verwenden.

5

6

3 Die Eier nennt man Rogen und der Samen heißt Milch.

7 Und das Forellenweibchen trägt ihre Eier im Maul, bis daraus die Jungen schlüpfen.

16 Mit den Flossen fächeln sie sich frisches Wasser zu.

5 Mit Hilfe der Flossen halten die Fische ihr Gleichgewicht und bewegen sich.

7

8

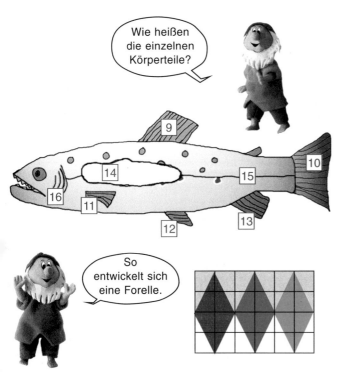

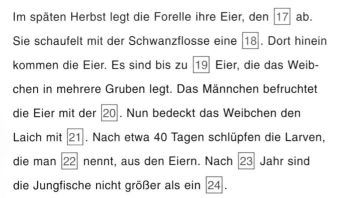

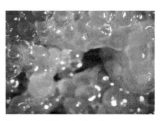

Rogen (Fischeier)

Im späten Herbst legt die Forelle ihre Eier, den ⎡17⎤ ab.
Sie schaufelt mit der Schwanzflosse eine ⎡18⎤. Dort hinein
kommen die Eier. Es sind bis zu ⎡19⎤ Eier, die das Weibchen in mehrere Gruben legt. Das Männchen befruchtet
die Eier mit der ⎡20⎤. Nun bedeckt das Weibchen den
Laich mit ⎡21⎤. Nach etwa 40 Tagen schlüpfen die Larven,
die man ⎡22⎤ nennt, aus den Eiern. Nach ⎡23⎤ Jahr sind
die Jungfische nicht größer als ein ⎡24⎤.

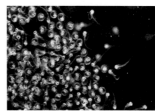

Laich nach ca. 24 Tagen

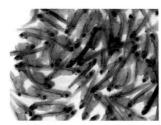

Dottersackbrut
(geschlüpfte Larven nach
ca 40 Tagen)

Jungfische nach ca. 1 Jahr

Was fliegt denn da?

Je nach Art der Nahrung unterscheidet man bei den Vögeln Insektenfresser und Körnerfresser. Der Storch mag auch noch Frösche und andere Kleintiere. Welcher Vogel frisst was?

Amsel

8	Insektenfresser
20	Körnerfresser
12	frisst beides

Kohlmeise

19	Insektenfresser
22	Körnerfresser
10	frisst beides

Storch

7	Insekten und Kleintiere
22	Körnerfresser
10	frisst beides

Spatz

4	Insektenfresser
11	Körnerfresser
9	frisst beides

Schwalbe

2	Insektenfresser
21	Körnerfresser
18	frisst beides

Kuckuck

9	Insektenfresser
19	Körnerfresser
4	frisst beides

Aha!

Die Amsel stellt ihre Nahrung um. Im Sommer frisst sie Insekten und Würmer, im Winter Körner und Samen.

Kennst du diese Zugvögel?

Aha!

Da Insektenfresser im Winter keine Nahrung finden, müssen sie fort. Daher sind alle Vögel, die sich von Würmern und Insekten ernähren, Zugvögel.

8	Storch
4	Schwalbe
6	Kuckuck

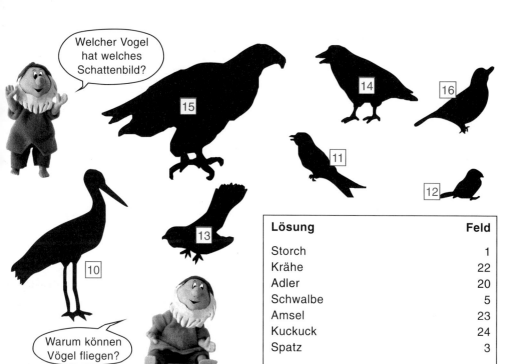

Welcher Vogel hat welches Schattenbild?

Warum können Vögel fliegen?

Lösung	Feld
Storch	1
Krähe	22
Adler	20
Schwalbe	5
Amsel	23
Kuckuck	24
Spatz	3

Die vorderen 17 entwickelten sich bei den Vögeln zu 18. Jeder Vogel hat feste, lange 19 und weiche, kurze 20. Zweimal im Jahr wird das 21 neu gebildet. Diesen Vorgang nennt man 22. Bei Flugzeugen spielt das Gewicht eine entscheidene Rolle. Bei den Vögeln ist es genauso. Darum sind ihre Knochen 23. So wird das Gewicht des Tieres enorm 24.

Aha!

Wenn Vögel beieinander sitzen, blicken sie immer in eine Richtung. Das liegt aber nicht etwa daran, dass sie dort etwas beobachten. Sie halten einfach immer ihre Schnäbel in den Wind, damit ihr Körper der Luft möglichst wenig Widerstand entgegenstellt.

Lösung	Feld
hohl	17
reduziert	13
Gliedmaßen	16
Deckfedern	15
Gefieder	14
Flügeln	19
Daunenfedern	18
Mauser	21

Kreuzotter oder Ringelnatter?

Aha!

Von Alters her wurde die Kreuzotter gefürchtet und gejagt. Es gab sogar Prämien für jede getötete Otter. Dabei ist ihr Gift für uns nicht tödlich. Und ein Gegengift wird nur in Ausnahmefällen gespritzt.

Kreuzotter

Ringelnatter

Welche Rätselfrage passt zu welcher Antwort?

UE=Ü

Crossword entries:
- 8 RINGELNATTER
- 12 LEBEND
- 1 ZUNG
- 4 GIFTDRUESEN
- 11 SCHWIMMEN
- 6 EEER
- 7 SCHWARZ
- 10 GIFTSCHLANGE
- 9 GEESE
- 2 SCHEU
- NATTER
- SCHLITZT

1 Wo stellt die Kreuzotter ihr Gift her?

2 Wie vermehrt sich die Ringelnatter? Sie legt...

3 Welche Farbe hat das Zickzackmuster der Kreuzotter?

4 Wie sieht die Pupille bei einer Kreuzotter aus?

5 Mit welcher Schlange kann man die Kreuzotter leicht verwechseln?

6 Was kann die Ringelnatter besonders gut?

7 Die Kreuzotter ist zwar kein Säugetier, trotzdem bringt sie ihre Jungen ... zur Welt.

8 Zu welcher Schlangengattung zählt die Kreuzotter, da sie ihre Beute durch Gift tötet oder lähmt?

9 Welche ausgeprägte Eigenschaft besitzen alle heimischen Schlangen?

10 Wo befindet sich das Riechorgan bei den Schlangen?

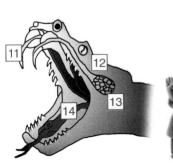

Hier siehst du den Giftapparat der Kreuzotter. Wie heißen die einzelnen Teile?

Lösung	Feld
Giftzahn	3
Giftdrüse	16
Zunge	18
Giftkanal	5

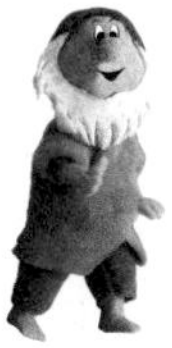
Was passt zu welcher Schlange?

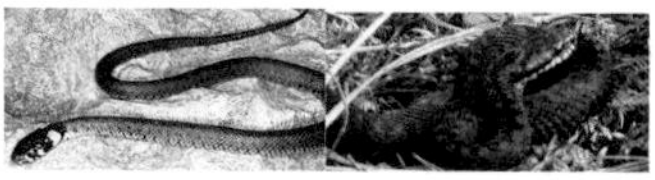

		Ringelnatter	Kreuzotter
15	Noch bei der Geburt schlüpfen die Jungen aus ihren Eierschalen. Sie bringt daher ihre Jungen (15–18) lebend zur Welt.	4	14
16	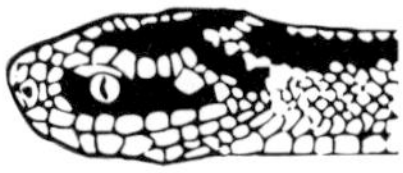	17	21
17	Sie erreicht eine Länge von 150 cm.	24	22
18	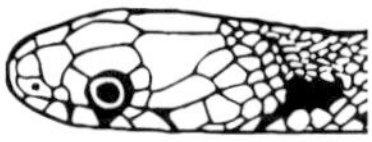	19	9
19	Sie wird im höchsten Fall 90 cm lang.	14	17
20	Sie legt ihre Eier, ungefähr 30, gerne auf Komposthaufen.	22	23

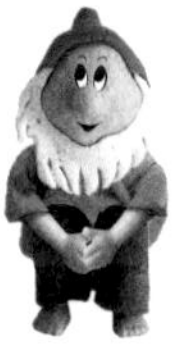
Wie heißen diese Schlangen?

13 Kreuzotter
15 Kreuzotter (Volksmund Kupferotter)
23 Ringelnatter
20 Kreuzotter (Volksmund Höllenotter)

Aha!

Die Färbungen der Kreuzottern können sehr unterschiedlich sein. Im Volksmund hat man anders gefärten Kreuzottern eigene Namen gegeben. So nennt man die schwarze Kreuzotter auch Höllenotter, die kupferfarbene Kupferotter.

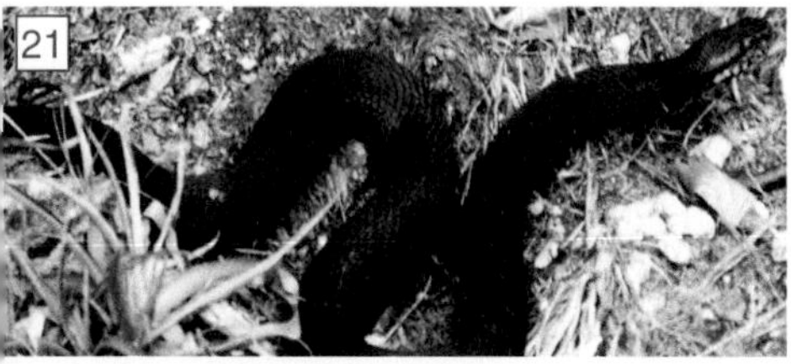
21

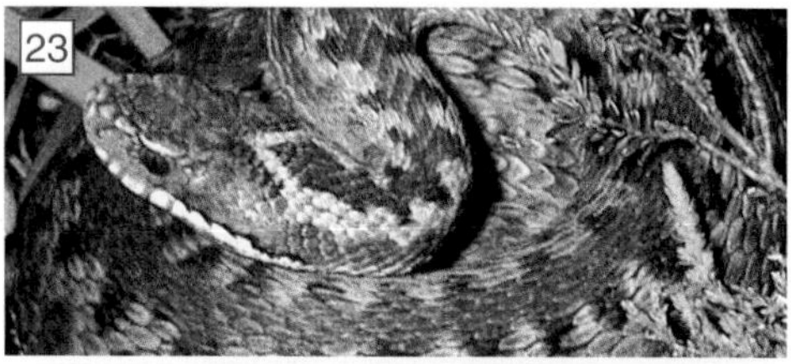
23

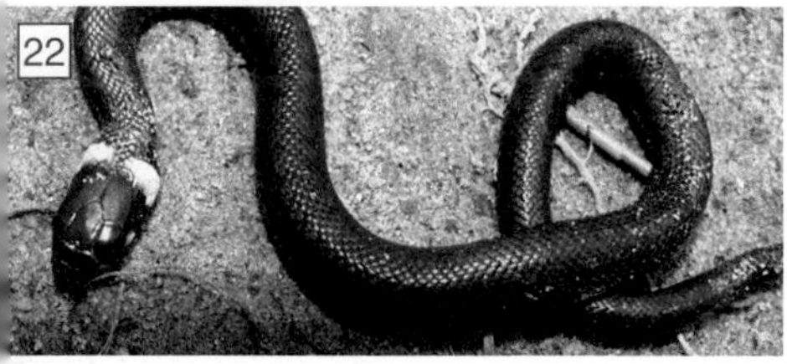
22

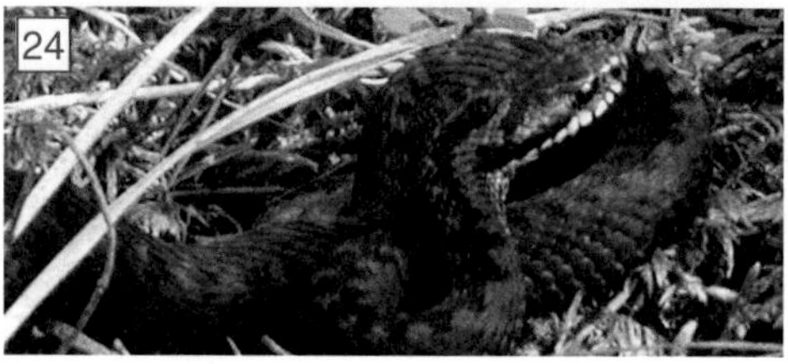
24

Kommt mit in den Wald!

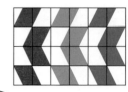

Der Wald gliedert sich in einzelne Schichten, ähnlich den Stockwerken eines Hauses. Ordne zu!

Lösung	Feld
Stammschicht	16
Krautschicht	14
Wurzelschicht	3
Kronenschicht	7
Moosschicht	5

11 Hier fließen in Röhren Wasser und Pflanzensaft. Von den Blättern gelangen Speicherstoffe zu den Wurzeln und von den Wurzeln Nährstoffe und Wasser zu den Blättern.

18 Sie nehmen Wasser und Mineralstoffe aus dem Boden auf. Außerdem speichern sie das Wasser, das sie dann langsam dem Boden wieder zurückgeben.

9 Sie verdunsten Wasser und filtern Staub aus der Luft. Bei der Herstellung der Nährstoffe wird Sauerstoff an die Luft abgegeben.

Das größte Lebewesen auf Erden ist der Baum, denn auch Pflanzen sind Lebewesen. Welche Teile des Baumes sind gemeint?

Aha!

Ein großer Baum verdunstet rund 50 Liter Wasser am Tag.

12

9

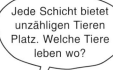

Jede Schicht bietet unzähligen Tieren Platz. Welche Tiere leben wo?

10

11

12

13

Fuchs

Maus

1

Salamander

Eichhörnchen

Specht 20

Uhu

Schmetterling

15

Ameise

22

Regenwurm

Assel

Käfer 24

Spinne

13

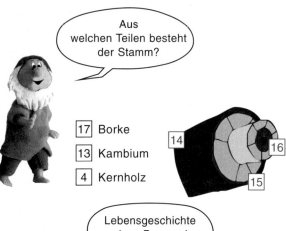

Aus welchen Teilen besteht der Stamm?

17 Borke

13 Kambium

4 Kernholz

14 16 15

Aha!

An den Jahresringen kannst du nicht nur das Alter des Baumes bestimmen. Sie erzählen auch von schlimmen Ereignissen, guten Jahren und Jahren mit Trockenheit.

Lebensgeschichte eines Baumes! Ordne zu!

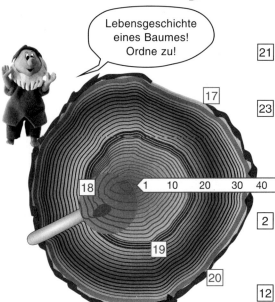

17

18 | 1   10   20   30   40   Jahre alt

19

20

21 Vor vier Jahren war es sehr heiß und trocken. Auch im Winter fiel wenig Schnee.

23 Voriges Jahr wurde meine Borke beschädigt. Schädlinge konnten eindringen. Ich wurde krank. Darum hat man mich gefällt.

2 Als ich 4 Jahre alt war, hat mir der Wind einen Ast abgerissen. Es hat einige Jahre gedauert, bis meine Verletzung geheilt war.

12 12 Jahre später gab es zweimal hintereinander sehr regenreiche Frühjahre und äußerst trockene Sommer.

Leider geht es uns, den Bäumen, gar nicht mehr so gut. In vielen Ländern hat man ganze Wälder abgeholzt. In heißen Sommern kommt es immer wieder zu 21 . Auch die schlechter werdende Luft setzt uns zu. Unsere 22 verfärben sich und wir können nicht mehr richtig 23 . Besonders leid tun mir meine Kollegen, die an Straßenrändern wachsen. Durch die 24 werden ihre Wurzeln krank.

Das kann bis zum Tod führen!

Lösung	Feld
Waldbränden	19
Salzstreuung	8
Blätter und Nadeln	6
wachsen	10

Wasser ist Leben

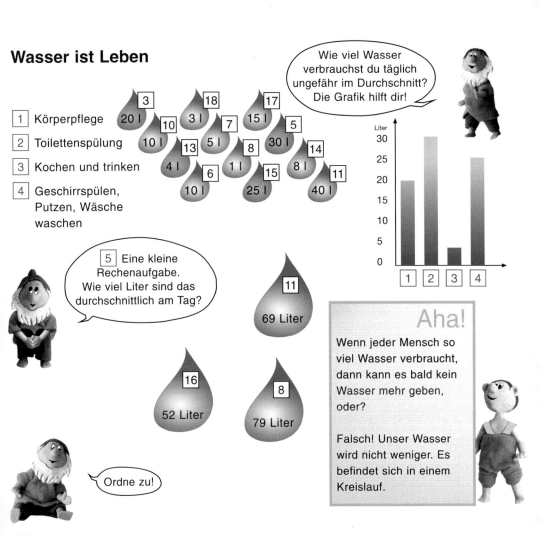

1	Körperpflege
2	Toilettenspülung
3	Kochen und trinken
4	Geschirrspülen, Putzen, Wäsche waschen

20 l, 10 l, 4 l, 10 l, 3 l, 5 l, 1 l, 25 l, 7 l, 8 l, 15 l, 8 l, 40 l, 5 l, 30 l

Wie viel Wasser verbrauchst du täglich ungefähr im Durchschnitt? Die Grafik hilft dir!

5 Eine kleine Rechenaufgabe. Wie viel Liter sind das durchschnittlich am Tag?

11 69 Liter

16 52 Liter

8 79 Liter

Ordne zu!

Aha!

Wenn jeder Mensch so viel Wasser verbraucht, dann kann es bald kein Wasser mehr geben, oder?

Falsch! Unser Wasser wird nicht weniger. Es befindet sich in einem Kreislauf.

17 Es regnet.

20 Wasser aus den Meeren verdunstet.

12 Seen und Flüsse bekommen Wasser.

22 Es bilden sich Wolken.

10 Regenwasser versickert in die Erde. Es speist ebenfalls die Flüsse und bildet das Grundwasser.

1 Das Wasser der Flüsse und Bäche fließt zurück ins Meer. Der Kreislauf beginnt von vorne.

15

So kommt Wasser auf der Erde vor!

12 Bäche und Flüsse

13 Teiche, Seen und Meere

16

24

Aha!

Ohne Wasser gäbe es keinen Regenbogen. Die Farben entstehen, wenn sich das Sonnenlicht auf den Regentropfen bricht.

Das alles ist Wasser!

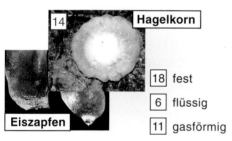

14 **Hagelkorn**

Eiszapfen

18 fest

6 flüssig

11 gasförmig

15 **Schneeflocke**

Schnee

14 fest

7 flüssig

2 gasförmig

16 **Geysir**

18 fest

14 flüssig

4 gasförmig

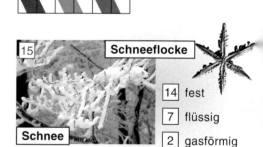
17

Wassertropfen

22 fest

23 flüssig

17 gasförmig

18 Verdampfungspunkt

19 Gefrierpunkt und Schmelzpunkt

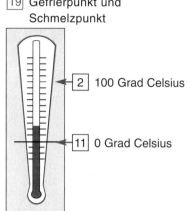

2 100 Grad Celsius

11 0 Grad Celsius

Aha!

Wasser kann in drei Formen vorkommen. Man nennt diese Formen Aggregatzustände. Diese Aggregatzustände hängen mit der Temperatur zusammen.

Lösung	Feld
gefriert	19
verdampft	6
Aggregatzustände	21
schmelzen	9

Die drei Formen, in denen Wasser vorkommt, heißen 20 . Bei Temperaturen unter 0 Grad 21 das Wasser zu Eis. Steigt die Temperatur beim Kochen auf 100 Grad Celsius, 22 das Wasser. Steigt die Temperatur über den Nullpunkt, beginnt das Eis zu 23 .

Baue dir ein Wasser-kreislaufmodell.

Du brauchst: Ein Glasgefäß, einige kleinere Pflanzen, eine Schale mit Wasser (ersetzt ein Gewässer), kleine Steine, Sand, Erde

Pflanze

Gefäß mit Wasser

Erde

Sand

kleine Steine

Wenn du sehen willst, wie der Wasserkreislauf funktioniert, dann fülle das Glas wie auf dem Bild und verschließe es mit einem Glasteller. Stelle nun das Glas an einen sonnigen Platz.

24 Was passiert?

22 Das Wasser verschwindet.

7 Das Wasser beginnt zu verdunsten. Es setzt sich an Deckel und Seiten-wänden ab und tropft her-unter.

17

Ein Männlein steht im Walde...

Pilze begegnen dir öfter als du denkst! Ordne zu!

- 2   Flechten
- 3   Speisepilze
- 5   Baumschwamm
- 4   Parasiten, überall auf Bäumen
- 6   Parasiten, zum Beispiel Mehltau auf Blättern
- 7   Schimmelpilze auf kranken Ästen
- 11   Hefepilze auf Früchten
  (Die Hefe wird auch zum Kochen verwendet. Denke an den Hefeteig!)

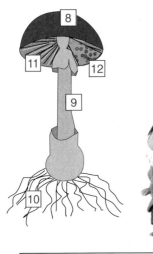

Kennst du die einzelnen Teile des Pilzes?

Aha!

Pilze gehören weder zu den Tieren noch zu den Pflanzen. Sie sind eine eigene Gattung. Es gibt über 70 000 Arten. Darunter sind winzig kleine, die man nur unter dem Mikroskop sehen kann, und große wie die Speisepilze.

Wie wächst ein Pilz?

Lösung	Feld
Hut	9
Früchte noch Samen	21
Strunk	1
Körner	19
Myzel (Pilzgeflecht)	8
vermehren	23
Sporen	12
Lamellen	10

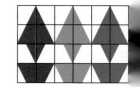

Pilze blühen nicht. Daher gibt es weder 13 . Sie 14 sich durch Sporen. Das sind ganz kleine 15 die an der Unterseite des Pilzhutes in den Lamellen versteckt sind.

18 Die Haut platzt auf. Der neue Pilz wird sichtbar.

20 Ein neuer Pilz, geschützt von einer Haut, bildet sich und durchbricht den Boden.

17 Zwei Sporen bilden ein Myzel.

22 Die Sporen fallen zu Boden.

15 Der Pilz ist ausgewachsen. Die Sporenbehälter sind reif und reißen auf.

Ordne die Bilder den Texten zu!

16 20 19 17 18

Hier siehst du einige Pilze! Welche sind essbar, welche ungenießbar oder sogar giftig?

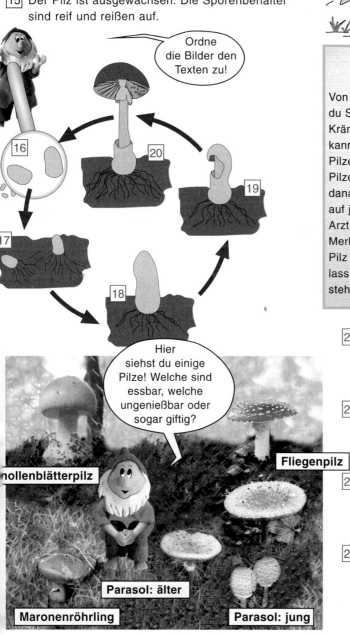

nollenblätterpilz

Fliegenpilz

Parasol: älter

Maronenröhrling

Parasol: jung

Aha!

Von giftigen Pilzen bekommst du Schweißausbrüche und Krämpfe. Eine Pilzvergiftung kann man auch von zu alten Pilzen bekommen. Wenn du Pilze gegessen hast und dir danach übel wird, dann geh auf jeden Fall sofort zu einem Arzt oder ins Krankenhaus! Merke dir gut: Kennst du einen Pilz nicht ganz genau, dann lass ihn unbedingt im Wald stehen!

21 Fliegenpilz
 14 Speisepilz
 13 giftig
22 Maronenröhrling.
 24 Speisepilz
 22 giftig
23 Knollenblätterpilz
 6 Speisepilz
 16 giftig (tödlich)
24 Parasol
 14 Speisepilz
 7 giftig

19

Energiespender seit mehr als 5000 Jahren
Welcher Bauer spricht die Wahrheit?

1 Seit der Steinzeit bauen die Menschen Getreide an.

- **9** Wahrheit
- **19** Lüge

2 Gebäck aus weißem Mehl ist gesünder als das aus dunklem Mehl.

- **10** Wahrheit
- **7** Lüge

3 Früher aß man das Getreide in Form von Brei und gebackenen Fladen.

- **12** Wahrheit
- **15** Lüge

4 Die ältesten Getreidearten sind Hirse, Hafer, Gerste, Reis und Weizen.

- **10** Wahrheit
- **8** Lüge

5 Mit der Entdeckung Amerikas kam der indianische Mais nach Europa.

- **5** Wahrheit
- **17** Lüge

6 Die Ägypter begannen vor mehr als 5000 Jahren Brot zu backen.

- **8** Wahrheit
- **17** Lüge

7 Vollkornbrot in Maßen macht dick.

- **9** Wahrheit
- **1** Lüge

8 Der Mais ist kein Getreide.

- **12** Wahrheit
- **3** Lüge

15 Er stammt ursprünglich aus Amerika. Bei uns dient der Mais hauptsächlich als Tierfutter.

4 Dieses Getreide wird sogar im Herbst gesät. Daher kann die Gerste schon sehr früh geerntet werden.

2 Er war lange Zeit bei uns ein Hauptnahrungsmittel, der Hafer. Heute dient er vor allem als Futterpflanze.

6 Das Korn des Gebirges, so nennt man den Roggen. Er überlebt sogar Temperaturen von minus 25 Grad.

11 Den Weizen haben die Römer zu uns gebracht. Er ist in großen Teilen der Erde das wichtigste Grundnahrungsmittel.

9

10

11

12

13

Lösung	Feld
Ähre	13
Stängelknoten	18
Halm	19
Blatt	16
Grannen	17

19 Weizen

20 Mais

21 Roggen

Betrachte eine Ähre genau! Wie heißen ihre Teile?

Ordne zu! Von welcher Ähre erntet der Bauer welche Körner?

14
15
16
17
18

20
23
21

Kennst du diese Körner auch?

2 Gerste
21 Hafer
22
14 Reis

23 Wie sieht die Pflanze aus, auf der der Reis wächst?

22

22

24 Diese Pflanze hatte früher größere Bedeutung als heute. Man gewinnt aus ihr Fasern, die zu Seilen, aber auch zu Stoffen verarbeitet werden.

24 Flachs
23 Baumwolle

9

Blütenpflanzen – kleine Wunderwerke

Lösung	Feld
Stamm (Stängel)	5
Niederblatt	7
Laubblatt	20
Hochblatt	24
Blattknospe	17
Blüte	22
Wurzeln	21

Jeder Teil der Pflanze hat seine ganz bestimmten Aufgaben. Ordne richtig zu!

Nur kein Knick! Das ist wichtig!

Hi, hi! Nicht nur, dass ich besonders hübsch bin, ich bin auch wichtig!

Schönheit ist nicht alles. Meine Kraft ist gefragt!

Puh! Manchmal komm ich ganz schön ins Schwitzen!

1 Nahrungsleitungssystem: Es bringt die Nährstoffe aus dem Boden und von den Blättern zu den übrigen Teilen der Pflanze.

14 Nahrungsfabrik: Hier wird mit Hilfe des grünen Farbstoffes (Chlorophyll), des Sonnenlichts und des Wassers Stärke und Traubenzucker hergestellt. Dabei verbraucht die Pflanze das Kohlendioxyd aus der Luft und gibt den Sauerstoff wieder frei.

10 Schutz- und Lockstation: Die äußeren Blütenblätter schützen und locken die Bienen an. Die inneren Blätter dienen der Fortpflanzung.

9 Anker und Nahrungsstation: Hält die Pflanze im Boden fest und nimmt Wasser und Nährstoffe auf.

Blüten wachsne in verschiedenen Formen. Welche Form passt?

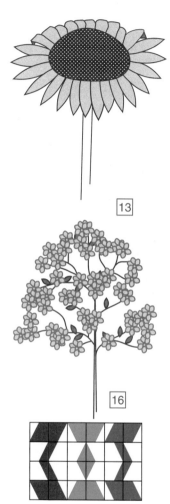

|11| Beim Kolben ist der Spross länglich und verdickt. Die Blüten wachsen rundherum ohne Stiele.

|12| Bei der Ähre wachsen die Blüten entlang des Sprosses ohne Stiele.

|13| Bei der Dolde sind die Blüten um einen Punkt angeordnet und haben Stiele.

|16| Bei der Rispe wachsen die Blüten auf vielen, reich verzweigten Stielen.

|15| Beim Köpfchen ist der Spross kugelig geformt. Die Blüten wachsen rundherum ohne Stiele.

|23| Bei der Traube haben die Blüten entlang des Sprosses Stiele.

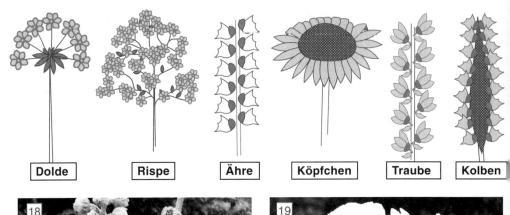

| Dolde | Rispe | Ähre | Köpfchen | Traube | Kolben |

18 Stockrose

19 Geranie

20 Sonnenblume

21 Phlox

Sehen wir uns mal das Innenleben einer Blüte an!

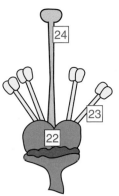

Lösung	Feld
Köpfchen	3
Stempel	2
Ähre	7
Dolde	6
Rispe	19
Kolben	11
Fruchtknoten	18
Traube	8
Staubgefäße	4